WHOOM4

D1943454

Avec tous nos meilleurs voeux!

Many, many very happy returns of the day!

Mit unseren allerherzlichsten Glückwünschen!

Tante belle cose!

Nuestras congratulaciones más cordiales.

Очень хорошие желание за ваше день рождения!

Blanche N. Wisenthal

Berthe und Philipp Jacobson-Gugan

Gilles Lalande

L. Nicoles H. Matte

Simone Lalande

Dr. R. Rupprecht

Ruth Palmer

Jameson Palmer

Hymie Wisenthal

Raymond Leffe

John Greer Nicholson

Mother Pick

Monica Matte

Ferenc Kunz

Montréal, le 7 Mai 1975

Marie-Monique Nicholson

Montréal

Les jeunes gens se retrouvent sur la place Jacques-Cartier, dans le Vieux-Montréal. Ils ont souvent l'occasion d'y applaudir des politiciens de la rue aussi bien que des musiciens

Young people mingle in Place Jacques-Cartier, old Montreal, where street politicians and musicians perform for anyone who will listen.

Library of Congress
Catalogue Card Number
74-75451

ISBN 0-88882-004-6

Les éditions Hounslow
Hounslow Press
Toronto, Canada

Photographies/Photographs
Harold V. Green
Chic Harris
Dr. Arthur Tardif
Doris Mowry

Texte/Text
Elizabeth Hoskinson Maloney

Traduction/Translation
Liedewij Hawke

Dessin du livre/Design
René Demers
Craib Demers Limited

Editeur/Publisher
Anthony Hawke

Imprimé à
Montréal, Québec, Canada par
Printed in
Montreal, Quebec, Canada by
Gordon W. Ross Limitée/Limited

Devant de la jaquette:
Montréal, vue du mont Royal.

Dos de la jaquette: Montréal,
vue du mont Royal, au 19e siècle
(Whitefield).

Front cover: Montreal from
Mount Royal.

Back cover: Montreal
from Mount Royal, 19th C.
(Whitefield).

Montréal

Les marchés en plein air du Nord et de l'Ouest montréalais sont particulièrement animés en été et en automne, lorsque les fermiers de l'extérieur de la ville viennent étaler les meilleurs produits québécois.

The open-air markets in the north and west end of Montreal are particularly lively in summer and fall, as farmers from outside the city set out the best of Quebec produce.

Préface

Depuis longtemps les Montréalais aiment se balader sur le mont Royal, par un beau jour d'hiver ou d'été, pour contempler la ville dans toute son étendue.

La vue de la montagne a toujours été impressionnante, et Maisonneuve, le fondateur de Montréal, a probablement été le premier visiteur à l'apprécier. En 1642, il fit l'ascension de la montagne afin d'ériger une croix comme repère de la nouvelle colonie française. A cette époque-là, la vue devait être magnifique, devant le terrain riche d'une île immense et un fleuve débordant de promesses pour le commerce. Bien que la colonie fût petite, les possibilités de développement étaient illimitées.

De nos jours, la montagne offre toujours une vue splendide sur la ville, ainsi que les balcons des tours d'appartements et les observatoires des gratte-ciel. Cependant, le vrai caractère de la ville ne se révèle que dans des vues de premier plan de ses églises, de ses rues, des édifices d'hier et d'aujourd'hui, de son port de renommée mondiale et des multiples cultures, intensément vivantes dans le coeur des habitants.

Quatre Montréalais de longue date se sont mis à la recherche de ce qu'il y a de mieux dans la ville et, dans cet ouvrage, ils vous en présentent leurs vues. Nous espérons qu'elles s'ajouteront aux vôtres.

A long standing tradition in Montreal has been to climb Mount Royal on a sunny day, in any season, and take a good look at the city.

The view from the mountain has always been impressive, and Montreal's founder, Maisonneuve, was probably the first visitor to appreciate it. He made the trek up the slopes in 1642 to erect a cross as the landmark of the newly-established French colony. The view then must have been grand, comprising a vast island with rich soil and a river overflowing with the promise of trade. Although the settlement was small, the possibilities for its growth were endless.

Today Montreal is still a magnificent sight from the mountain, as it is from penthouse balconies and skyscraper observatories. But its true character is found in the close-ups of its churches, streets, buildings of the past and present, its world-renowned harbour and in the many cultures which are close to its people.

Four long-time Montrealers have sought out the best of the city, and present their views of it to you in these pages. We hope that they will add to your own.

Montréal

Les cygnes flottent autour des tulipes au Jardin botanique de Montréal. Ce jardin fut fondé en 1936 par le révérend frère Marie-Victorin, botaniste de renommée mondiale.

Swans float around tulips in Montreal's Botanical Garden, which was founded in 1936 by the world-famous botanist Marie-Victorin.

Ce bastion en pierre dans l'île Sainte-Hélène est un des forts, peu nombreux, qui nous restent de l'époque où Montréal devait défendre ses murailles contre les envahisseurs.

This stone bastion on St. Helen's Island is one of the few forts remaining from the era when Montreal had to guard her walls against invaders.

Au cours de trois cents ans, la petite colonie alors fortifiée par de hautes murailles s'est transformée en métropole dynamique. Montréal s'est développée sans cesse, mais son passé n'a pas été oublié et nous trouvons encore aujourd'hui des traces de la ville telle qu'elle était.

Three hundred years have transformed Montreal from a small settlement fortified by high walls to a lively metropolis with an ever-changing skyline. In spite of her unceasing growth, her past has not been forgotten. Today we still have traces of the city as it was.

Ce lampadaire de la rue Saint-Jacques, dans le Vieux-Montréal, porte la marque de l'hiver.

Winter melts over a lamp post on St. James Street, old Montreal.

Les Montréalais ont toujours été obligés de se protéger contre le mauvais temps. Au 19e siècle, cette girouette hérissait ses plumes d'étain, lorsque le vent soufflait sur le fleuve Saint-Laurent.

Montrealers have always had to shield themselves from the weather. In the 1800's this weathervane ruffled its tin feathers whenever the wind blew across the St. Lawrence River.

Dans la rue Notre-Dame, au site original de la ville, il y a l'admirable Château de Ramezay. Construit en 1703, en tant que résidence du gouverneur de la Nouvelle France, le Château a été conservé comme musée d'objets historiques du Québec. Ce loquet en fer forgé se trouve sur la porte principale.

On Notre Dame Street, in the original area of Montreal, is the Chateau de Ramezay. Built as the home of the Governor of New France in 1703, it has been preserved as a museum of Quebec historical artifacts. This wrought iron door latch is on the main entrance.

L'élite de Montréal se réunissait dans des salons tels que ce "petit salon" si admirablement meublé du Château de Ramezay.

The elite of Montreal gathered in drawing rooms such as this finely-furnished "petit salon" in the Chateau de Ramezay.

Au Château de Ramezay, on prépare une harpe et une épinette, afin de ressusciter la musique des années 1850.

A harp and spinet are prepared to revive the music of the 1850's in the Chateau de Ramezay.

C'est au dortoir, autour de cette table, que les religieuses se rassemblaient, le soir, pour travailler et pour causer. Plus tard, une salle de récréation fut réservée à ces fins.

In the evenings the nuns gathered around this table in their dormitory to work and to talk. Later, a room set aside for such recreational activities became known as the community room.

La ferme Saint-Gabriel était une des premières résidences de la Congrégation de Notre-Dame. Cet ordre religieux, fondé par Marguerite Bourgeois, se dévouait à l'enseignement. Sur une table de cuisine du vieux temps on voit étalés des cruches et des bols en terre cuite, utilisés par les religieuses.

The Saint-Gabriel farmhouse was one of the first residences of the Congregation of Notre Dame, a teaching order founded by Marguerite Bourgeois. A kitchen table from the early days displays earthenware crocks and bowls used by the nuns.

Puisqu'il était nécessaire de faire un grand nombre de vêtements chauds pour les longs hivers, les religieuses de la ferme Saint-Gabriel se servaient constamment de ces rouets et de ces métiers à tisser.

Since a great deal of protective clothing had to be made for the long winters, spinning wheels and looms were in constant use at the Saint-Gabriel farmhouse.

Ces chandeliers et ce crucifix ont été sculptés à la main à l'époque ancienne, où les prières renforçaient les murailles de la ville. La table console provient de la vieille église Notre-Dame.

In the early days, prayer reinforced the walls of the city. These hand-carved candlesticks and crucifix grace a console table from the old Notre Dame Church.

A l'origine, Montréal a été fondé pour des raisons religieuses. Des missionnaires dévoués sont venus de France avec l'intention de répandre la parole de Dieu sur un continent d'indigènes. La plupart du temps, ils ont reçu des flèches hostiles en récompense. La croix qu'ils portaient était le signe de leur foi immortelle, et cette croix est devenue le signe de la ville même.

Montreal initially was founded for religious purposes. Zealous missionaries came from France to spread the word of Christendom to a continent of natives. More often than not, they received hostile arrows for their efforts, but they carried the cross as a symbol of their undying faith, and it became the sign of the city itself.

Le fondateur de Montréal, Paul de Chomedy, Sieur de Maisonneuve, dédia la colonie à Dieu en érigeant une croix de bois sur le mont Royal en 1642. La structure d'acier illuminée, qui se trouve présentement à cet endroit, a plus de 100 pieds de hauteur. Elle a été construite au cours des années 1920.

Montreal's founder Paul de Chomedy, Sieur de Maisonneuve, dedicated the land to God by erecting a wooden cross on Mount Royal in 1642. The illuminated steel structure, which stands on the same spot, is over 100 feet high and was built in the 1920's.

Cette croix de bois, honorant la foi chrétienne en toute simplicité, consacrait la ferme Saint-Gabriel à Pointe-Saint-Charles. La lance représente le percement du corps du Christ après la crucifixion; l'échelle, allant dans les deux directions, symbolise la croyance à la descente de la Croix et à la résurrection.

A simple monument to the Christian faith, this wooden cross consecrated the Saint-Gabriel farm in Point St. Charles. The spear represents the piercing of Christ's side after the crucifixion; the ladder, going both ways, symbolizes the belief of Christ's descent from the cross and resurrection from death.

La galerie de pigeons, au haut du clocher de l'église Notre-Dame de Bonsecours, donne sur le port de Montréal. En arrière-plan se dessine la silhouette du dôme du marché Bonsecours, qui fut le centre de commerce prospère du 19e siècle.

A pigeon-walk staircase leads to the bell tower of Notre Dame de Bonsecours church, which overlooks Montreal's harbour. Behind is the dome of Bonsecours Market, once the flourishing trade centre of the 1800's.

Ezéchiel et Jérémie, deux sculptures du célèbre artiste Philippe Hébert, sont placés à la base d'une chaire fort impressionnante dans l'église Notre-Dame. Lors de sa construction en 1654, l'église n'était qu'une petite chapelle. La structure actuelle a été complétée en 1829.

Ezechiel and Jeremias, two sculptures by the famed Philippe Hébert, sit at the base of a most impressive pulpit in Notre-Dame Church. Originating as a tiny chapel in 1654, the present structure of the church was completed in 1829.

Des lumières, attachées à un arbre du square Dominion, créent une atmosphère féerique autour de la coupole de la cathédrale Marie, Reine du Monde et lui donnent une place à part dans la communauté d'affaires du boulevard Dorchester. La cathédrale, dont la construction fut achevée en 1894, est une copie à l'échelle d'un sur trois de l'église Saint-Pierre à Rome.

Festive lights from a tree in Dominion Square single out the dome of the Cathedral of Mary, Queen of the World, from the business community of Dorchester Boulevard. The Cathedral was built as a one-third replica of St. Peter's in Rome, and was completed in 1894.

A l'intérieur de la cathédrale, des rayons de soleil mettent en relief les fresques du plafond.

Inside the Cathedral of Mary, Queen of the World, the sun highlights the frescoes lining the ceiling.

De l'intérieur de la cathédrale Christ Church, un ange en bois doré veille sur les fidèles du centre-ville.

A gilded wooden angel watches over downtown worshippers from the interior of Christ Church Cathedral.

La cathédrale Christ Church, construite en 1859, représente un example frappant de l'architecture gothique. Elle est le centre du diocèse anglican montréalais.

A striking example of Gothic architecture, Christ Church Cathedral was built in 1859 and is the seat of the Anglican Diocese of Montreal.

En 1904, le Frère André de la Congrégation de la Sainte Croix, fit construire cette chapelle sur le versant du mont Royal, en l'honneur de Saint Joseph.

In 1904, Brother André, of the Congregation of the Holy Cross, built this chapel on the side of Mount Royal in honor of St. Joseph.

La chambre solitaire du Frère André était témoin de sa dévotion qui était si puissante, qu'il a pu, dit-on, faire des miracles.

The solitary room of Brother André held his devotion, which was so powerful that it was said he performed miracles.

Des béquilles sont alignées le long des parois de l'Oratoire Saint-Joseph. Cette grande basilique a été construite aux environs de 1920 pour accomoder les milliers de pèlerins venus à la recherche de la grâce curative du Frère André.

Crutches line the walls of the interior of St. Joseph's Oratory, the great basilica which was constructed in the 1920's to accommodate the thousands of pilgrims who sought the healing grace of Brother André.

On prépare un remorqueur pour le dégagement de cargos amarrés près des embarcadères.

A tug is prepared to ease cargo ships from their moorings close to the loading docks.

Montréal, née grâce à la persévérance religieuse de ses fondateurs, doit son développement ultérieur au fleuve Saint-Laurent. Commençant par le trafic des fourrures, le commerce sur le fleuve s'accroissait rapidement. Une foule de navires circulaient sur le fleuve, transportant les vivres, les outils et les gens. Aujourd'hui, le port de Montréal est un des plus grands ports intérieurs du monde.

While the cross steadied the foundations of the new land, the St. Lawrence River was responsible for its rapid progression. Beginning with the fur trade, the River overflowed with ships bringing food, tools and people. Today the harbour is one of the world's great inland ports.

Dans le port de Montréal, le chargement et le déchargement des marchandises sont exécutés à l'aide d'un équipement ultra-moderne.

Daily operations at the Port of Montreal include sophisticated loading techniques for all kinds of cargo.

Des réservoirs pétrochimiques bordent la frontière est du port, à Pointe-aux-Trembles.

Petrochemical storage tanks line the eastern boundaries of the Port at Pointe-aux-Trembles.

La vapeur jaillit d'une raffinerie de pétrole de Pointe-aux-Trembles.

Steam bursts from a Pointe-aux-Trembles oil refinery.

Des bouées géantes s'alignent sur le bassin, comme des pingouins.

Giant buoys stand on the dock like penguins.

Le port de Montréal possède son propre réseau de chemins de fer comprenant 65 milles de rail. Le marché Bonsecours et la statue de Notre-Dame de Bonsecours étaient des centres du port original.

The Port of Montreal has its own railway system which covers 65 miles of track. Bonsecours Market and the statue of Notre Dame de Bonsecours were centre points of the original harbour.

MANCHESTER
LINERS

Ce n'est peut-être plus la croix, mais plutôt la grue d'acier qui marque la ville.

The steel crane has perhaps replaced the cross as Montreal's landmark.

A mesure que le commerce du fleuve prospérait, la silhouette de Montréal se transformait. On abandonnait les vieilles maisons de pierre aux ameublements faits à la main, pour déménager dans de nouveaux édifices en béton et en acier.

With the wealth of the River's trade, came the creation of a new skyline. The old stone houses and their hand-made furnishings were abandoned for frameworks of concrete and steel.

Une vieille couche de peinture, sur un mur de brique, révèle le fossile d'un escalier du 19e siècle.

The fossil of a stairway from the 1800's is outlined with paint on a brick wall.

Les feuilles s'attardent, sur ces vieilles marches de bois, comme les choses du passé.

Leaves linger on old wooden steps, signifying a dying era.

Des escaliers extérieurs grimpent le long des rues du Nord montréalais. Ils facilitaient la tâche pour les constructeurs quand le développement urbain se faisait de plus en plus rapide.

Outside staircases creep along the streets of Montreal North, as rows of houses link in the city's expansion.

Dans le Nord montréalais, on prend soin du passé. Cette maison de l'époque de la reine Victoria s'épanouit sous une nouvelle couche de peinture.

In the north end of the city, the past is refurnished with pride. A fresh coat of paint gives this Victorian home a youthful bloom.

PRUDENTIAL

Vue du mont Royal, la ville se révèle vivante et energique.

This view from Mount Royal at night shows the city streaming with excitement and energy.

La première banque du Canada, la Banque de Montréal, a été fondée en 1817, afin de régler l'échange de la grande variété des espèces étrangères. Elle a reconstruit son siège social, dans la rue Saint-Jacques, en 1848. A l'intérieur, la statue de la Victoire, qui est un monument à la première guerre mondiale, est entourée de piliers majestueux.

Canada's first bank, the Bank of Montreal, was founded in 1817 to control the wide range of foreign currency that was traded in the city at that time. This building on St. James Street, now the head office of the bank, was completed in 1848. The statue of Victory, a memorial to World War I, is surrounded by the stately pillars of the interior.

Les établissements financiers continuent à prospérer. Des ascenceurs montent au coeur du gratte-ciel de la Banque Royale du Canada, Place Ville-Marie.

Financial institutions continue towering with prosperity. Elevators race up this core of the Royal Bank of Canada skyscraper in Place Ville Marie.

Quel tourbillon d'activités dans les escaliers des centres de commerce où l'on fait des affaires et des achats. Cet escalier-ci mène à la tour de la Bourse, Place Victoria.

Staircases swirl with business or shopping activity. This one leads to the Stock Exchange Tower, Place Victoria.

A mesure que la ville grandit, les activités culturelles se multiplient. Des balcons décrivent une courbe au-dessus des 3,000 sièges de la Salle Wilfrid-Pelletier, l'une des trois salles de théâtre du complexe Place des Arts.

As the city grows, so do its cultural activities. Balconies curve over the 3,000 seats in Salle Wilfrid-Pelletier, one of three theatres in the Place des Arts complex.

Le Château Champlain s'élève au-dessus des arbres du square Dominion en colonnes de demi-lunes.

The Chateau Champlain rises in columns of half-moons above the trees in Dominion Square.

Les lumières forment une fleur citadine au-dessous de la Place Ville-Marie.

Lights form a metropolitan flower beneath the majestic Place Ville Marie.

Les vieux édifices et les structures modernes s'amalgament: la cathédrale Marie, Reine du Monde, l'hôtel Reine-Elisabeth, la Place Ville-Marie et la gare Windsor.

The old buildings and the new merge together: the Cathedral of Mary, Queen of the World, the Queen Elizabeth Hotel, Place Ville Marie and Windsor Station.

Le mode de transport urbain le plus rapide est le métro. Le métro de Montréal est un monde à part; son architecture est gaie et l'on trouve des galeries de boutiques à un grand nombre de stations.

The fastest method of transportation in the city is the metro. Montreal's underground is a world of its own, with bright architecture and shopping plazas at many stations.

Montréal est la métropole la plus affectée par la neige. La poudrerie, paralysant la circulation, fait partie du paysage d'hiver montréalais.

The slowest road is a snow-covered one. Montreal's winters wouldn't be the same without the traditional paralysing blizzard.

La promenade d'une mère accompagnée de son fils, est aperçue, ici, dans le miroir rétroviseur d'une voiture.

A car's rear view mirror catches a mother and her son walking through the leaves.

Au-delà des lumières et des gratte-ciel se déroule la vie des Montréalais sous ses formes multiples.

Behind the lights and the skyscrapers are the many variations of a Montrealer's way of life.

Les montagnes russes – ces toboggans de l'été – se perchent au-dessus du parc d'attractions La Ronde.

The roller coaster, a summer toboggan, perches above La Ronde amusement park.

L'été ranime les rues et des peintures murales de toutes les proportions couvrent les briques décolorées de l'hiver.

Summer brings colour to the streets, and murals of every proportion cover the faded bricks of winter.

L'Université de Montréal est entourée de la verdure ondulée du versant nord du mont Royal.

The University of Montreal is enclosed by the rolling greenery of the northern slopes of Mount Royal.

Le boulevard Saint-Laurent est une artère de commerce internationale où les Montréalais font leur marché depuis plusieurs générations. Cette boutique-ci offre des fromages importés de nombreux pays.

St. Lawrence Boulevard is an international market place that has been the shopping centre of Montrealers for generations. This shop offers imported cheese from many parts of the world.

Les marchands de poisson Waldman étalent des fruits de mer d'une grande variété. Le samedi, ce marché est tellement fréquenté que les clients sont obligés d'attendre dans la rue.

Waldman's Fish Company is so crowded on Saturdays that Montrealers wait in the street to choose from the abundant selection of seafood.

La charcuterie Schwartz est une boutique également en vogue du boulevard Saint-Laurent. Les Montréalais y achètent des provisions depuis plusieurs décennies.

Schwartz's Delicatessen is another popular store on St. Lawrence Boulevard that has catered to Montrealers for decades.

Les tavernes montréalaises offrent une ambiance sympathique où les repas et la bonne humeur ne coûtent pas cher.

Montreal's taverns offer congenial relaxation with inexpensive meals and good cheer.

Les amateurs des objets du passé fréquentent les antiquaires du Vieux-Montréal.

Shoppers seek momentos of the past from old Montreal's antique dealers.

Montréal est la ville des gourmets au Canada. Les restaurants se spécialisent surtout dans la cuisine française.

Montreal is a gourmet's paradise, with particular specialties of French cuisine.

A l'heure du déjeuner, les gens d'affaires se réunissent aux terrasses des cafés, comme celles-ci de la Place Ville-Marie.

At lunch time, business men and women gather in outdoor cafés such as this one in Place Ville Marie.

La Place des Arts offre une grande variété d'activités théâtrales aux Montréalais. Des spectacles y sont montés dans trois salles de théâtre à la fois.

Place des Arts is a continuous festival of entertainment for Montrealers, with three theatres staging performances at once.

En hiver, le mont Royal devient un lieu de divertissement pour les familles qui aiment faire du ski et du toboggan.

In winter, Mount Royal becomes a playground for families who enjoy skiing and tobogganing.

Des enfants ramassent des feuilles pour faire un feu de joie sur l'une des trois montagnes de la ville.

Children gather leaves for an autumn bonfire from one of the city's three mountains.

Cette sculpture érigée à Terre des Hommes, intitulée "L'homme", symbolise la grandeur que l'homme peut atteindre, en tant qu'individu, lorsqu'il fait partie d'une ville en expansion.

"Man", the sculpture at Man and His World, symbolizes the possibilities of an individual's growth with the expansion of the city.

L'énergie expansive de la ville ne connaît pas de bornes, et l'homme qui y vit redoute parfois ce "surhomme" qu'il a créé. Il y a toujours ceux qui reculent devant la complexité grandissante de la ville; ils sont seuls, par goût ou parce qu'ils n'ont pas de choix.

While the city seems to contain boundless energy in its growth, the individual is sometimes in awe of the "superman" he has constructed. There are those who shrink from the city's vastness, lonely or preferring to be alone.

A cet homme désolé, ne trouvant pour s'asseoir que le seuil d'une porte, la ville paraît inabordable et immense.

The desolate man who drifts from doorway to doorway thinks of the city as an unapproachable giant.

La froideur du béton accable parfois la jeune fille nouvellement arrivée dans la métropole des affaires.

The single girl who joins the business metropolis is sometimes overcome by the coldness of the concrete surroundings.

L'hiver est long et lorsque la neige étouffe la vivacité des rues, Montréal peut avoir l'air d'un désert.

Montreal often seems like a wilderness, as the long winter's snow deadens the city's pace.

La solitude a tant de visages: c'est avec joie que cette petite fille, montée sur un cheval de bois, se retrouve seule avec ses rêves.

But for a joyous child on a carousel, being alone gives her the freedom of fantasies and plans for the future.

Un papillon aux couleurs chaudes de l'automne, pose pendant un instant dans le vert de l'été.

An admiral butterfly coloured with autumn poses briefly in the summer green.

Au-delà des barrières d'asphalte de la ville, le pays est toujours aussi beau que le jour de sa découverte.

Beyond the asphalt barriers of the city, the land is still as beautiful as when it was first discovered.

On accueille la sève coulant des arbres et on la fait bouillir pour faire du sirop d'érable.

Sap is gathered from the flowing trees and boiled to make maple syrup.

Un oiseau chante dans un buisson d'aune, dans l'île de Montréal.

A bird sings from an alder bush on the Island of Montreal.

En se promenant sur le mont Royal, on rencontre souvent des tamias.

The chipmunk is a familiar friend for strollers on Mount Royal.

La paix règne parmi ces arbres où le seul changement est celui de la couleur des feuilles.

Trees are hidden in places where the only change in architecture is in the colour of the leaves.

Une flèche d'eau fleurit parmi les roseaux dans les marais qui entourent l'île de Montréal.

Blooming from the marshes surrounding the Island of Montreal, an arrowhead leans into the reeds.

Les glaces du Saint-Laurent s'engrènent pour former des ponts brillants qui ne pourront être défaits que par le soleil du printemps.

Ice on the St. Lawrence River meshes into glossy bridges which can only be broken by the spring sun.

Au parc Summit, au centre-ville, le sol est aussi blanc au printemps qu'en hiver.

On Summit Park, in the centre of Montreal, the ground is as white in spring as it is in winter.

La gelée blanche de l'automne
trace les nervures des feuilles.

In autumn, hoar frost etches
skeletons on leaves.

Les derniers rayons du soleil se reflètent dans l'eau du Saint-Laurent à Terre des Hommes.

In a rare moment of gentleness, the St. Lawrence River shoots into the sunset from the fountains at Man and His World.

Des sentinelles, dans la neige, contemplent le ciel s'apaisant au-dessus de la ville. L'héritage de Montréal, loin d'être enseveli sous les accomplissements du progrès, demeure intact dans le coeur des Montréalais.

Sentinels in the snow on the slopes of Mount Royal watch the sky settle over the city. Far from being buried under progress, the heritage of Montreal remains close to her people, who carry her greatness for generations.

Chic Harris a embrassé la carrière de photographe après sa retraite comme chimiste de recherches en 1966. Ses photographies ont paru dans plusieurs livres et périodiques. Il est cophotographe du volume "Québec", publié par Hounslow Press en 1973.

"Vieille par son histoire, diversifiée par ses cultures et progressive par son industrie, Montréal me semble être le monde en microcosme".

Chic Harris has made photography his career since his retirement as a research chemist in 1966. His photographs have been published in several books and periodicals, and he was co-photographer of Québec, published by Hounslow Press in 1973.

"Montreal is old in history, many-sided in culture and progressive in industry. I see it in many ways as the world in microcosm."

Arthur Tardif pratique la médecine à Longueuil, Québec. Il est membre du club Caméra de Montréal. Ses diapositives lui ont valu une réputation considérable dans des salons internationaux de photographie. Il est cophotographe de "Québec", publié par Hounslow Press en 1973.

"Depuis plusieurs années la photographie m'aide à mieux connaître Montréal. Il est impossible de ne pas aimer une ville aussi gaie et vivante et où tout bat à un rythme sans cesse renouvelé".

Elizabeth Hoskinson-Maloney est un écrivain montréalais. Ses poèmes et ses articles ont paru dans plusieurs périodiques canadiens.

"J'habite au coeur de Montréal et quand je suis en accord avec le rythme énergique du centre-ville, Montréal joue un rôle essentiel dans ma vie".

Harold (Hal) Green est né à Montréal. Depuis plus de 40 ans il travaille dans les domaines de la photographie et de la microscopie. Il combine la photographie et le journalisme: plus de 200 de ses articles illustrés ont été publiés dans différents pays. Ses photographies ont paru dans un grand nombre de livres et de périodiques.

"Il est impossible de rester indifférent à cette ville, lorsqu'on commence à la connaître. Pour moi, Montréal est un mélange magique du monde français, anglais et de beaucoup d'autres groupes ethniques. Je m'y plais toujours"

Doris Mowry est secrétaire-trésorière d'une compagnie d'assurance. Elle devint membre du club Caméra de Montréal en 1968. La plupart de ses photographies ont été prises à Montréal et dans les alentours.

"Je me suis établie à Montréal en 1929 et j'ai une grande affection pour la ville. J'aime surtout le quartier du boulevard Saint-Laurent où je vais souvent".

Arthur Tardif practices medicine in Longueuil, Quebec. He is a member of the Montreal Camera Club and has won recognition for his slides in international photographic salons. He was co-photographer of Québec, published by Hounslow Press in 1973.

"For many years photography has really helped me to discover Montreal – especially the natural surroundings and historic sites. One cannot help but like such a cosmopolitan city."

Elizabeth Hoskinson Maloney is a Montreal writer and editor who has published poetry and articles in Canadian periodicals.

"I live downtown, where the pulse of the city generates a great deal of energy. When I'm caught up in this rhythm, Montreal is very much a part of me."

Harold (Hal) Green was born in Montreal and has worked for over 40 years in the fields of photography and microscopy. As a photojournalist, he has had over 200 illustrated articles published in various countries. His photographs have appeared in scores of books and periodicals.

"It's impossible to sample this city at any level and remain untouched or indifferent. To me it's a magical mixture of French, English and many ethnic groups, and I'm still savouring it."

Doris Mowry is secretary-treasurer of an insurance brokerage. She joined the Montreal Camera Club in 1968, and has done most of her photography in and around Montreal.

"I adopted Montreal as my home in 1929 and I have a great affection for it – particularly for the area around St. Lawrence Boulevard, commonly called "The Main". I gravitate there regularly and I find it never loses its charm."